AF335821

EDICT DV ROY,

PORTANT CREATION

& establissement en chacune des Elections de la
Generalité de Guyenne, des Offices de Greffier
des Affirmations, Du doublement des Gardes
des petits Seaux, Du droict du Parisis tant à l'ancien droict qu'au nouueau, Des trois Greffiers
& trois Maistres Clercs à faire les Rolles des
Tailles ancien, alternatif & triennal, Du Commissaire triennal des Viures, & d'vn denier de
nouuelle attribution à chacun des anciens &
alternatifs Commissaires desdits Viures desdites
Elections de Guyenne, aux droicts, exemptions
& priuileges attribuez à tous lesdits Offices.

*Verifié en la Cour des Aydes d'Agen le 6. Aoust, & en
la Cour des Comptes, Aydes & Finances de Montpelier le 26. Octobre 1632.*

A PARIS,

Par A. ESTIENE, P. METTAYER, & C. PREVOST,
Imprimeurs ordinaires du Roy.

M. DC. XXXIII.

Auec Priuilege de sa Maiesté.

L O V I S par la grace de Dieu Roy de France & de Nauarre, A tous presens & à venir, Salut. Nous aurions par nos Lettres de Declaration du vingt-septiéme Auril mil six cens vingt-vn, en consequence de l'Edict du feu Roy Henry le Grand nostre tres-honoré Seigneur & Pere, verifié en nostre Parlement de Paris le vingt-vniéme May quatre vingts dix-sept, creé en tiltre d'Office d'heredité en toutes les Electiõs de nostre Royaume, vn Greffier des Affirmations, aux fonctions y contenuës & droicts de quatre deniers pour liure de toutes Leuées tant ordinaires qu'extrordinaires qui s'imposent esdites Elections, Nous aurions aussi en suite de nostre Edict du mois de Mars mil six cens dix-huict, portant attribution de quatre deniers pour liure de toutes Tailles aux Gardes des Petits Seaux desdites Elections, Attribué

A ij

autres quatre deniers aufdits Gardes-feel
par forme de doublement, outre les fufdits quatre premiers deniers, par autre no-
ftre Edict du mois de Feburier mil fix cens
vingt-deux, Et encores deux deniers pour
liure de toutes Leuées tant ordinaires
qu'extrordinaires, par nos Lettres de Declaration du douziéme Feburier dernier,
pour le parifis defdits huict deniers de premiere & feconde attribution : Et par no-
ftre Edict du mois de Ianuier mil fix cens
vingt-neuf, nous auons pareillement creé
en chacune des Elections, trois Greffiers
& trois Maiftres Clercs hereditaires des
Rolles des Tailles des Paroiffes, pour faire les fonctions & exercices y mentionnez, Et à chacun defdits Greffiers attribué
trois deniers, & à chacun Maiftre Clerc
vn denier pour liure de toutes leuées de
deniers contenuës aux Rolles & departemens des Tailles, Pour en iouïr par les
Acquereurs tant en l'année d'exercice
que hors icelle, Et outre ce au Greffier
qui fera en exercice, vingt-cinq fols par
Paroiffe, Et aux Maiftres Clercs, quinze
fols pour les faire verifier aux Eleus, &
iceux enuoyer par les Paroiffes aux Colle-

&teurs d'icelles, Et ordonné lesdites attributions estre imposées sur lesdites Paroisses selon la forme & teneur dudit Edict.
E т par autre nostre Edict du mois de Ianuier mil six cens trente-vn, nous auons encores creé & erigé vn troisiéme Office de
nostre Conseiller &. Commissaire particulier des Viures en chacune desdites Elections, pour exercer ledit Office trienna-
lement auec l'ancien & alternatif establis
en icelle, & à chacun d'eux attribué quatre deniers pour liure, tant en l'année d'e-
xercice que hors icelle, à prendre semblablement sur toutes leuées de deniers con-
tenus aux Rolles & departemens des Tailles des Paroisses des Elections de leur establissement, pour en estre payez ainsi que
lesdits anciens Commissaires des Viures,
A chacun desquels nous auons en outre
attribué vn denier pour liure par dessus les
trois deniers dont ils iouissent à present.
Lesquels Offices de Greffiers d'Affirmations, doublemét du droict & émolumens
des petits Seaux, parisis d'iceux, trois Greffiers & trois Maistres Clercs des Rolles des
Tailles des Paroisses, & Commissaires particuliers triennaux des Viures, ont esté

vendus & establis en toutes les Elections
de nostredit Royaume, fors & excepté en
nostre Prouince & Generalité de Guyenne, bien que ledit establissement y soit au-
tant necessaire qu'és autres Elections, tant
pour les rendre vniformes , que pour les
raisons & considerations mentionnées en
nosdits Edicts & Declarations, & aussi
pour la finance qui en peut prouenir pour
subuenir à l'entretenement des armées
que nous sommes contraints de tenir sur
pied , tant au dedans nostredit Royaume,
que sur les frontieres d'iceluy , pour arre-
ster les entreprises faites contre cét Estat.
POVR CES CAVSES & autres à ce nous
mouuans , SÇAVOIR FAISONS , que
cét affaire mis en deliberation en nostre
Conseil, auquel ont esté veus les susdits
Edicts & Declaration portans creation
des susdits Offices & droicts , verifiez &
regiſtrez où besoin a esté, Auec l'Edict de
creation de semblables Offices de Gardes
des petits Seaux esdites Elections de ladite
Prouince de Guyenne, portant attribution de quatre deniers pour liure de toutes Tailles , & deux sols pour seel de chacun Rolle d'assiete, du mois de Nouem-

bre mil six cens vingt-cinq, Ensemble ce-
luy des susdits ancien & alternatif, Commissaires particuliers des Viures executez
en ladite Prouince, le tout cy attaché sous
nostre contre-seel. NOVS DE L'ADVIS
de nostre Conseil, où estoient plusieurs
Princes, Seigneurs, & autres grands &
notables personnages : De nostre certai-
ne science, pleine puissance & authorité
Royale, AVONS par le present Edict per-
petuel & irreuocable, dit & ordonné,
voulons, ordonnons & nous plaist, Qu'en
consequence desdits Edicts & Declarations, tous les Offices cy-dessus soient
establis en chacune des Elections de no-
stredite Prouince & Generalité de Guyenne, Asçauoir vn Greffier des Affirmations, pour iouïr de trois sols pour la reception & expedition de chacun acte d'affir-
mation, suiuant ledit Edict du mois de
May quatre vingts dix-sept, & de quatre
deniers pour liure de toutes Tailles, qui
leur sont attribuez par nos Lettres de Declaration sur iceluy, du dix-septiéme Auril
mil six cens vingt-vn. PAREILLEMENT
le droict de doublement des quatre deniers pour liure de toutes Tailles, attri-

buez aux Offices de Gardes des petits
Seaux desdites Elections par nostredit
Edict du mois de Nouembre mil six cens
vingt-cinq, auec les deux deniers pour liure d'augmentation pour le parisis des
huict deniers de premiere & seconde attribution pour ledit doublement, suiuant
nostre Edict du mois de Iuin mil six cens
vingt-sept, & Lettres de Declaration sur
iceluy dudit iour troisiéme Feburier dernier, Pour en iouïr par les Acquereurs
desdits Offices, ensemble des deux sols
parisis pour seel des Sentences, Rolles des
Tailles, & autres actes subjets au seellé, au
dessous de cent liures, & de quatre sols
parisis pour celles excedans ladite somme,
& de toutes autres fonctions, exercices,
rang, seance, & autres droicts & émolumens à eux attribuez tant par les susdits
Edicts qu'autres precedens, Declarations
& Arrests énoncez en iceux, Lesquels
nous voulons estre executez selon leur
forme & teneur, A la charge de payer par
les Acquereurs desdits Offices de Gardes
des petits Seaux, par forme de supplément, les sommes ausquelles ils seront taxez en nostre Conseil, tant pour ladite

attribution

attribution du parisis desdits quatre deniers pour liure d'ancienne attribution,
que pour iouïr de tous lesdits droicts sur
tout le contenu aux Rolles des Tailles, Et
encores pour iouïr des susdits émolumens
du Seel des susdits actes de Iustice & Rolles des Tailles, auec ledit parisis, dans vn
mois apres ledit commandement qui leur
en sera fait à leurs personnes, domiciles,
ou aux Greffiers desdites Elections. Seront aussi establis esdites Elections lesdits
trois Greffiers & trois Maistres Clercs des
Rolles des Tailles des Paroisses du ressort
d'icelles, Deuers lesquels Greffiers desdits
rolles desdites Elections qui serôt en exercice, seront portez & remis les Rolles des
Tailles si tost qu'ils auront esté faits à la
maniere accoustumée, ainsi qu'il est porté
par ledit Edict, pour en faire deux grosses
& expeditions par ledit Greffier des Rolles, qu'il fera verifier & signer aux Presidens & Eleus de chacune Election, où il
laissera la minute pour estre gardée dans
le Bureau : & des deux grosses & expeditions qui auront esté verifiées & signées, il
en baillera vne aux Consuls, Iurats & Syn-
dics, pour sur icelle faire la leuée, & re-

B

tiendra l'autre pour y auoir recours quand besoin sera, Lesquels Greffiers des Rolles iouïront pour cét effect l'année de leur exercice des quarente sols attribuez tant à eux qu'ausdits Maistres Clercs pour chacune Paroisse de leur departement, qui seront imposez & leuez à la forme dudit Edict, auec les trois deniers pour liure que nous auons attribuez à chacun desdits Greffiers des Rolles, & vn denier à chacun desdits Maistres Clercs. Et encores seront establis esdites Elections lesdits Commissaires particuliers triennaux des Viures, pour faire les mesmes fonctions que font lesdits anciens & alternatifs cy-deuant creez & y establis, aux semblables honneurs, priuileges, exemptions, franchises, libertez, rang & seance qui leur sont attribuez conformément à nostredit Edict du mois de Mars mil six cens vingt-deux, & Arrests interuenus en consequence, Mesmes pour assister, & lesdits deux anciens, chacun en l'année de leur exercice, auec lesdits Eleus, aux assietes & departemens qui se feront des deniers qui seront imposez pour les Estapes, & auoir seance auec eux & voix deliberatiue, &

pour iouïr par chacun d'eux des susdits droicts de quatre deniers pour liure de toutes Tailles, tant en l'année de leur exercice que hors icelle, que nous leur auons attribué & attribuons, Et à chacun des deux anciens, vn denier pour liure, outre les trois deniers dont ils iouïssent à present, sur toutes lesdites leuées & droicts, A la charge de payer par lesdits deux anciens, par forme de supplément, les sommes ausquelles ils seront aussi taxez en nostre Conseil, tant pour ladite attribution d'vn denier pour liure, que pour iouïr de tous lesdits droicts à eux attribuez sur tout le contenu aux Rolles des Tailles desdites Elections. Et à faute de payer lesdites taxes par eux & par lesdits Garde-scel, pour iouïr des susdites attributions & doublement de droict, Nous PERMETTONS à toutes sortes de personnes de leuer lesdites taxes, & en ce faisant, rembourser, si bon leur semble, les Proprietaires desdits Offices des finances qu'ils iustifierôt auoir payé en nos coffres pour iouïr d'iceux & de tous lesdits droicts conjointement ou separément. De tous lesquels droicts de quatre deniers pour liure attribuez ausdits

Greffiers d'Affirmations , Autres quatre deniers pour liure au Garde des petits Seaux pour le doublement de leur ancien droict , Auec deux deniers d'augmentation pour le parifis d'iceux, & des autres quatre deniers de premiere attribution, Deux fols parifis pour feel des Rolles & actes au deffous de cent liures , & quatre fols parifis pour ceux qui excederont ladite fomme, Douze deniers aufdits Greffiers & Maiftres Clercs des Rolles des Paroiffes , & quarente fols pour chacun d'iceux , Et quatre deniers à chacun des Commiffaires triennaux des Viures, Et vn denier d'augmentation à chacun Office ancien & alternatif : NOVS VOV- LONS que les Acquereurs defdits Offices & droicts, leurs vefues, enfans & heritiers, fucceffeurs & ayans caufe iouïffent hereditairement à l'aduenir, à commencer en l'année prefente fur la Taille, Taillon, Solde du Preuoft des Marefchaux , Creües & autres y iointes, Creües extrordinaires qui fe leueront au commencement & courant de chacune année, tant pour nos affaires, que pour les affaires particulieres des Communautez & autres, en quelque forte

& maniere que ce soit, Mesmes sur tous
les droicts alienez & sur ceux de leurs
compagnons, taxations, frais d'assietes, &
tous autres droicts d'Officiers, & generalement sur toutes les sommes contenuës
aux Rolles & departemens des Tailles,
excepté sur leur droict. Semblablement
lesdits Garde-seels, dés susdits quatre deniers de leur ancien droict, Et aussi l'ancien & alternatif Commissaires particuliers des Viures, de trois deniers pour liure à eux attribuez par les susdits Edicts,
tout ainsi que les susdits Offices. Et seront
tous lesdits Proprietaires payez desdits
droicts par les Receueurs & Collecteurs
des droicts alienez desdites Elections, ou
autres qui en font ou feront la recepte de
quartier en quartier, en la maniere accoustumée; & à ce faire seront lesdits Receueurs Collecteurs ou autres contraints
comme pour nos deniers & affaires, en
vertu des contraintes des Proprietaires
desdits Offices & droicts. Voulons en
outre que les Proprietaires desdits Offices
& droicts, iouïssent de l'exemption de
toutes charges personnelles, Tutelles,
Curatelles, Commissaires de biens saisis,

Logemens de Gens de guerre tant de pied que de cheual, contribution aux Estapes & Charois, & de toutes autres charges publiques. A la vente de tous lesquels Offices presentement creez, auec l'attribution des droicts cy-dessus declarez, il sera procedé au plus offrant & dernier encherisseur, en la maniere accoustumée, par les Commissaires qui seront à cette fin par nous deputez, ou leurs Subdeleguez; & les Acquereurs instalez en la iouïssance d'iceux en vertu des quittances de finance & des Contracts d'adiudication qui leur en seront expediées par lesdits Commissaires. Lesquels Contracts nous auons dés à present validez & approuuez, validons & approuuons par ces presentes, tout ainsi que s'ils auoient esté par nous faits en nostre Conseil, sans que lesdits Acquereurs, leurs successeurs & ayans cause en puissent estre depossedez, sinon en les remboursant comptant & à vn seul payement de la finance qui sera par eux payée, frais & loyaux cousts; & sans aussi qu'il puisse estre procedé à la vente & reuente desdits Offices, de dix années entieres, à compter du iour de l'acquisition d'iceux,

ny estre abstraints de finance, soit par forme de supplément ou pour nouuelle attribution de droicts, ny autrement, en quelque sorte que ce soit. PERMETTONS
à toutes personnes de quelque qualité
qu'elles soient, d'acquerir lesdits Offices
& droicts sans déroger à leurs qualitez, &
de les exercer par vn ou plusieurs Commis, en prestant le serment par eux ou
leurs Commis pardeuant les Eleus de l'E-
lection où ils seront establis, & non ail-
leurs, où ils feront enregistrer lesdits Contracts & quittances, pour raison dequoy
ils prendront seulement pour leurs espices
& pour le droict du Greffier la somme de
quinze liures de chacun desdits Acquereurs ou leurs Commis; leur faisant de-
fenses d'en prendre plus grande somme,
à peine de concussion : lesquels Commis
(dont les Proprietaires seront responsa-
blés ciuilement seulement) iouïront au
lieu d'eux, des susdits priuileges à eux
octroyez. ENIOIGNONS à nosamez &
feaux les Presidens & Tresoriers Generaux de France au Bureau de nos Finances establi à Bourdeaux, de faire imposer
tous les susdits droicts en la forme susdite

en la presente année & les suiuantes, Mesmes aux Eleus desdites Elections d'en faire lesdites impositions, encor qu'il ne leur
soit mandé par lesdits Tresoriers de France, à peine de suspension de leurs Charges
& saisies de leurs gages & droicts.

SI DONNONS EN MANDEMENT
à nos amez & feaux Conseillers les Gens
tenans nos Cours des Comptes, Aydes &
Finances de Montpelier, Cour des Aydes
d'Agen, & lesdits Presidens & Tresoriers
Generaux de France en ladite Generalité
de Bourdeaux, Que chacun endroit soy
nostre present Edict ils facent lire, publier,
registrer, garder & obseruer de poinct en
poinct selon sa forme & teneur, iouïr &
vser pleinement, paisiblement, hereditairement les Proprietaires desdits Offices &
droicts, sans souffrir qu'ils y soient trou-
blez & empeschez en quelque sorte que
ce soit, nonobstát oppositions ou appella-
tions quelconques & sans prejudice d'icelles, Desquelles si aucunes interuiénét, nous
auons retenu & reserué la cognoissance
à nous & à nostre Conseil, icelle interdite
à toutes nos Cours & Iuges, nonobstant
aussi tous Edicts, Ordonnances, Declarations,

tions, Arreſts & choſes à ce contraires;
Auſquelles & aux derogatoires des derogatoires y contenuës, nous auons derogé
& derogeons par ceſdites preſentes, C a r
tel eſt noſtre plaiſir. E n témoin dequoy
nous auons fait mettre noſtre Seel à ces
preſentes. D o n n e' au Pont à Mouzon
au mois de Iuin, l'an de grace mil ſix cens
trente-deux, & de noſtre regne le vingt-
troiſiéme. Signé, L o v i s , & plus bas , Par
le Roy, P h e l i p p e a v x, & ſcellées ſur lacs
de ſoye verte & rouge du grand Seau de
cire verte.

EXTRAICT DES REGISTRES
de la Cour des Aydes.

V E V par la Cour les lettres Patentes
du Roy en forme d'Edict , données
au Pont à Mouzon au mois de Iuin de
l'année preſente mil ſix cens trente-deux,
ſignées L o v y s , & plus bas , par le Roy
P h e l i p p e a v x , & ſcellées ſur lacs de
ſoye verte & rouge du grand Seau de cire verte : Par leſquelles & pour les cauſes

y contenuës, sa Majesté veut & ordonne
qu'en consequence de ses autres Edicts &
Declaratiõs des mois de Mars mil six cens
dix-huict, Auril mil six cens vingt-vn,
Feurier & Mars mil six cens vingt-deux,
Ianuier mil six cens vingt-neuf, trente-vn
& trente-deux, les Offices, droicts, doublements & attributions créez & conte-
nus par les susdits Edicts & Declarations,
& en consequence d'iceux, vendus & establis par toutes les autres Eslections de ce
Royaume, soient pareillement establis en
celles dependantes de la Generalité de
Guyenne. A sçauoir vn Greffier des Affirmations, pour joüyr de quatre deniers
pour liure de toutes leuées ordinaires
& extrordinaires qui s'imposent esdites
Eslections : quatre sols pour la reception
& expedition de châcun acte d'affirma-
tion, & des autres droicts mentionnez par
l'Edict de creation du mois de May mil
cinq cens quatre vingts dix-sept, & par la
susdite Declaration de sa Majesté du mois
d'Auril mil six cens vingt-vn, & aux fonctions y specifiées. Le droict de doublement de quatre deniers pour liure de toutes tailles attribué aux offices de Gardes

des petits Sceaux defdites Eflections, par
l'Edict du mois de Nouembre mil fix cens
vingt-fix. Auec les deux deniers pour liure d'augmentation pour le parifis des
huict deniers de première & feconde attribution pour ledit doublement, fuiuant
l'Edict du mois de Iuin mil fix cens vingt-
fept, & lettres de Declaration fur iceluy
du mois de Ianuier dernier, pour en joüyr
par les acquereurs defdits Offices, en-
femble des deux fols parifis pour feel des
Sentences & Rolles des tailles fubjets au
feellé au deffous de cent liures, & quatre
fols parifis pour celles excedantes ladite
fomme, & de toutes autres fonctions, exercices, rangs, feances & efmoluments à eux
attribuez, tant par les fufdits Edicts qu'autres precedents, Declarations & Arrefts
enoncez en iceux, lefquels fa Majefté
veut eftre executez felon leur forme & teneur. Trois Greffiers, & trois Maiftres
Clercs des Rolles des tailles des Paroiffes,
aux fonctions auffi contenuës par l'Edict
de creation d'iceux, & attribution de trois
deniers pour liure à chacun Greffier, & vn
denier à chacun Maiftre Clerc fur toutes
leuées de deniers. Lefquelles attributions

seront imposées sur lesdites Parroisses selon la forme & teneur dudit Edict: Et pour
joüyr en outre par les acquereurs desdits
Offices pendant l'année de leur exercice,
du droict de vingt-cinq sols attribué aufdits Greffiers, & quinze sols aux Maistres
Clercs sur chacune Parroisse de leurs departemens , pour faire verifier les Rolles
aux Esleus , & iceux ennoyer aux Collecteurs desdites Parroisses. Et encores sa
Majesté veut estre estably vn Conseiller
Commissaire particulier triennal des Viures en chacune Eslection de ladite Generalité, pour faire les mesmes fonctions que
font l'ancien & l'alternatif cy-deuât créez
& establis , & aux semblables honneurs,
priuileges, exemptions, franchises , libertez, rangs & seances qui leur sont attribuez
conformément audit Edict du mois de
Mars mil six cens vingt-deux , & Arrests
interuenus en consequence, & pour joüyr
aussi par chacun d'eux de quatre deniers
pour liure de toutes tailles, tant en l'année
de leur exercice que hors icelle , & par
chacun desdits anciens d'vn denier pour liure, outre les trois deniers dont ils joüyf-
sent. De tous lesquels droits de quatre de-

niers pour liure attribuez aufdits Greffiers d'Affirmatiõs: autres quatre deniers pour liure aufdits Gardes des petits Seaux, pour le doublement de leur ancien droict, auec les deux deniers d'augmentation pour le parifis d'iceux, & des autres quatre deniers de premiere attribution : deux fols parifis pour feel des Sentéces & Actes au deffous de cent liures , & quatre fols parifis pour ceux qui excederont ladite fomme : douze deniers aufdits Greffiers & Maiftres Clercs des Rolles des Paroiffes, & quarente fols pour chacune d'icelles : quatre fols aufdits Confeillers triennaux des Viures, & vn denier d'augmentation à chacun Officier ancien & alternatif, Sa Majefté veut que les acquereurs defdits offices & droits, leurs vefues, enfans, heritiers , fucceffeurs & ayant caufe, jouyffent hereditairement à l'aduenir, à commencer en l'année prefente fur la taille , taillon, folde des Preuofts des Mareschaux, creuës & autres y joinctes, creuës extrordinaires qui fe leuent au commencement & courãt de chacune année, tant pour les affaires de fa Majefté que ceux des particuliers, des cõmunautez & autres , en quelque forte & maniere que ce soit , mesmes sur tous les droicts alienez & sur ceux de leurs compagnons, taxations , frais d'assiettes , & tous autres droicts, & generalement sur toutes les sommes contenuës aux rolles & departemens des tailles , excepté sur leur droict. Semblablemét lesdits Garde-seels, des susdits quatre deniers de leur ancien droict, & aussi l'ancien & alternatif Commissaires particuliers des Viures, des trois deniers pour liure à eux attribuez par les susdits Edicts, tout ainsi que les susdits Offices : Et que tous les proprietaires soient payez desdits droicts par les Receueurs & Collecteurs des droicts alienez desdites Ellections ou autres qui en feront la recepte de quartier en quartier à la maniere accoustumée, & à ce faire lesdits Receueurs Collecteurs & autres, contraincts comme pour les deniers & propres affaires de sa Majesté, en vertu des côtrainctes des proprietaires desdits Offices & droicts. Voulant en outre sa Majesté que lesdits proprietaires des Offices & droicts cy-dessus, joüyssent de l'exemption de toutes charges personnelles, Tutelles , Curatelles, Commissaires de biens saisis , Logemens

de gens de guerre, contribution aux estapes, charrois & autres subiections publiques, à la charge de payer par les acquereurs & proprietaires desdits Offices de
Gardes des petits Sceaux, & anciens Conseillers & Commissaires Particuliers des
Viures par forme de supplément, les sommes ausquelles ils seront taxez au Conseil
de sa Majesté, pour joüyr des susdits droits,
doublements & attributions vn mois apres
le commandement qui leur en sera faict:
A faute dequoy, sadite Majesté permet à
toutes sortes de personnes de leuer lesdites
taxes, & rembourser les proprietaires de la
finance qu'ils iustifierõt auoir payée en ses
coffres: Et pour d'iceux Offices joüyr de
tous lesdits droicts conjoinctement ou separément en heredité à l'aduenir : & outre
aux autres charges & conditions portées
par ledit Edict, & tout autrement, comme
il est plus à plain contenu en iceluy, Par le-
quel sadite Majesté mande à ladite Cour le
faire lire, publier, registrer, garder & obseruer de point en point selon sa forme &
teneur.   VEV aussi les susdits Edicts &
Declarations des mois d'Auril mil six cens
vingt-vn, Mars mil six cens dix-hu ict, Fe-

urier mil fix cens vingt-deux, Ianuier mil
fix cens vingt-neuf, Mars mil fix cés vingt-
deux, Ianuier mil fix cens trente-vn & mil
fix cens trente-deux, verifiez où befoin a
efté, & attachez fous le contre-feel dudit
Edict : Et oüy fur ce de Cientat pour le
Procureur General du Roy qui a requis la
verification pure & fimple d'iceluy : Et
tout confideré : La Covr a ordonné &
ordonne, que lefdites lettres Patentes en
forme d'Edict, feront regiftrées au Greffe
d'icelle, pour eftre executées, gardées &
obferuées felon leur forme & teneur. Et
neantmoins, le Roy eft tres-humblement
fupplié d'auoir agreable que lefdits droicts
d'attribution en heredité ne foient impofez & leuez que fur les deniers des Commiffions de la taille, taillon, folde des Preuofts des Marefchaux, creuës & autres
creuës y jointes, creuës extrordinaires
qui fe leueront pour les affaires de fa Majefté. Faict à Agen en la Cour des Aydes
de Guyenne, le fixiéme Aouft mil fix cens
trente-deux. Collationné, Descayrat.
Signé, Lescazet.

Extraict

VEv par la Cour les Lettres Patentes
du Roy en forme d'Edict, données
au Pont à Mouzon au mois de Iuin dernier, ſignées, L o v i s, & plus bas, Par le
Roy, P h e l i p e a v x, & ſcellées du grãd
Seau de cire verte ſur lacs de ſoye rouge &
verte: Par leſquelles & pour les cauſes &
conſiderations y contenuës, ſa Majeſté en
conſequence de ſes Edicts & Declarations y mentionnées, veut & ordonne
qu'en chacune Election de la Prouince &
Generalité de Guyenne, tout ainſi qu'en
toutes les autres Prouinces de ce Royaume, ſoit eſtably vn Greffier des Affirmations, pour iouïr de trois ſols pour la reception & expedition de chacun act d'affir-
mation, & de quatre deniers pour liure de
toute Taille; Comme auſſi veut eſtre eſtably le droict de doublement de quatre deniers pour liure de toutes Tailles, attribuez aux Officiers de Gardes des petits
Seaux deſdites Elections, Auec les deux

D

deniers pour liure d'augmentation pour le
Parisis de huict deniers de premiere & seconde attribution pour ledit doublemét,
Pour en joüyrpar les acquereurs desdits
Offices, ensemble des deux sols Parisis
pour le seel des Sentences, Rolles des tailles, & autres actes subjects au scellé au
dessous de cent liures, & de quatre sols
parisis pour celles excedátes ladite sóme,
& de toutes autres fonctions, exercices,
rang, seance, & autres droicts & emolu-
mens à eux attribuez par ses Edicts & Declarations, à la charge de payer par les acquereurs desdits Offices de Gardes des petits Seaux par forme de supplément, les
sommes esquelles ils seront taxez en son
Conseil pour ladite attribution. Encores
veut sadite Majesté qu'il soit estably esdites Elections, trois Greffiers & trois Maistres Clercs des Rolles des tailles des Parroisses du ressort d'icelles : lesquels Greffiers des Rolles joüyront pour cet effect
l'année de leur exercice, de quarante sols
attribuez tant à eux qu'ausdits Maistres
Clercs pour chacune Paroisse de leur
departement, qui seront imposez & leuez
auec les trois deniers pour liure attribuez

à chacun defdits Greffiers des Rolles , &
vn denier à chacun defdits ᴍaiftres Clercs.
Auffi veut fadite Majefté qu'il foit eftably
en chacune defdites Elections, vn Com-
miffaire particulier triennal des Viures,
pour faire les mefmes fonctions que font
les anciens & alternatifs cy-deuant créez
& y eftablis, aux femblables honneurs, priuileges, exemptions , franchifes , libertez,
rang & feance qui leur font attribuez ,
conformément à l'Edict du mois de Mars
mil fix cens vingt-deux : Mefmes pour af-
fifter & lefdits deux anciẽs chacun en l'année de leur exercice auec les Eleus aux
affietes & departemens qui fe feront des
deniers qui feront impofez pour les Efta-
pes, & auoir feance auec eux & voix deliberatiue, & pour joüyr par chacun d'eux
des fufdits droicts de quatre deniers pour
liure de toutes tailles , tant en l'année de
leur exercice que hors icelle, & à chacun
defdits deux anciens vn denier pour liure,
outre les trois deniers dont ils joüyffent à
prefent fur toutes lefdites leuées & droits,
à la charge de payer par lefdits deux anciens par forme de fupplément, les fom-
mes aufquelles ils feront auffi taxez, tant

pour ladite attribution d'vn denier pour
liure, que pour joüyr de tous lesdits droits
à eux attribuez sur tout le contenu aux
Rolles des tailles desdires Elections. Et à
faute par eux de payer lesdites taxes, &
par lesdits Garde-seels, pour jouïr desdites
attributions & doublement de droict, sadite Majesté permet à toutes sortes de personnes de leuer lesdites taxes, & en rembourser, si bon leur semble, les Proprietaires desdits Offices, pour iouïr de tous lesdits droicts coniointemét ou separément,
desquels sadite Majesté veut que les acquereurs desdits Offices & droicts, leurs
vefues, enfans, heritiers, successeurs, &
ayans cause, iouïssent hereditairement à
l'aduenir : à commencer en l'année presente, sur la Taille, Taillon, Solde du Pre-
uost des Mareschaux, Creuës, & autres y
iointes, Creuës extrordinaires qui se leueront au courant de chacune année, tant
pour ses affaires que pour les particuliers
des Cômunautez & autres, en quelque sorte & maniere que ce soit. Voulât sadite Majesté, que les Proprietaires desdits Offices
& droicts iouïssent de l'exemption de
toutes charges persónnelles, Tutelles,

Curatelles, Commiſſaires des biens ſaiſis, Logemens de gens de guerre, contribu- tions aux Eſtapes, Charrois, & de toutes autres charges publiques, ſans que les ac- quereurs deſdits Offices en puiſſent eſtre depoſſedez, ſinon en les rébourſant com- ptant & à vn ſeul payemẽt, de la finãce par eux payée & loyaux couſts, & ſãs auſſi qu'il puiſſe eſtre procedé à la vente & reuente d'iceux Offices de dix années entieres, à cõmencer du iour de l'acquiſition d'iceux, ny eſtre adſtraints de finance, ſoit par for- me de ſupplément ou nouuelle attribu- tion, auec permiſſion à toute ſorte de per- ſonnes de quelque qualité qu'ils ſoient, d'acquerir leſdits Offices & droicts, ſans déroger à leurdite qualité, & les faire exer- cer par vn ou pluſieúrs Commis, ainſi que plus au long ledit Edict le contient. Oüy, & ce requerant le Procureur General du Roy, Et tout conſideré : LA COVR, les Chambres & Semeſtres aſſemblez, du tres-exprés commandement du Roy, A ORDONNE' & ordonne, que ledit Edict ſera regiſtré és Regiſtres d'icelle, pour eſtre le contenu gardé & obſerué. Et neãt- moins, que ſa Majeſté ſera tres-humblement fuppliée, d'ordonner que lefdits droicts ne foient leuez que fur les deniers de la Taille, Taillon, Solde des Preuofts des Mareschaux & creuës ordinaires & extrordinaires, qui fe leueront en vertu des Commiffions & pour les affaires de fadite Majefté. FAICT à Mont-pelier le vingt-fixiéme Octobre mil fix cens trente-deux. Signé, PAIOT.

EXTRAICT DES REGISTRES
du Conseil d'Eftat.

VEv au Confeil du Roy l'Edict de fa Majefté du mois de Iuin dernier, les Arrefts rendus en fes Cours des Aydes de Guyenne, & des Comptes, Aydes & Finances de Montpelier, les fixiéme Aouft & vingt-fixiéme Octobre derniers, fur l'enregiftrement dudit Edict, pour l'eftabliffement en chacune Election de la Generalité de Guyenne, des Offices de Greffiers des Affirmations : le doublement des Gardes des petits Seaux, & droict de Parifis : trois Offices de Greffiers, & trois

Maiſtres Clercs , anciens , alternatifs &
triennaux , à faire les Rolles des Tailles
des Paroiſſes : vn Office de Commiſſaire
triennal des Viures, & vn denier à chacun
des anciens & alternatifs Commiſſaires
deſdits Viures : Par leſquels il a eſté ordonné que ledit Edict ſeroit regiſtré aux
Greffes deſdites Cours des Aydes , pour
eſtre executé , gardé & obſerué ſelon ſa
forme & teneur ; Et neantmoins, que ſadite Majeſté ſeroit tres-humblement ſup-
pliée d'auoir agreable , que les droicts attribuez auſdits Offices ne ſoient impoſez
& leuez que ſur les deniers des Commiſ-
ſions de la Taille , Taillon , Solde du Pre-
uoſt des Mareſchaux , Creuës , & autres
Creuës y iointes , & Creuës extrordinaires
qui ſe leueront pour les affaires de ſa Majeſté. Et dautant que ſadite Majeſté a be-
ſoin d'eſtre ſecouruë des deniers qui doi-
uent prouenir de la vente deſdits Offices,
& qu'elle veut que les acquereurs d'iceux
iouiſſent des vingt-huict deniers pour liure attribuez auſdits Offices ſur toutes les
ſommes contenuës aux Rolles & departemens des Paroiſſes , conformément audit Edict. SADITE MAIESTE' EN

ʃON CONSEIL, ʃans s'arreʃter à la re-
ʃtriction portée par les Arreʃts deʃdites
Cours des Aydes de Montpelier & d'A-
gen, deʃdits iours ʃixiéme Aouʃt & vingt-
ʃixiéme Octobre derniers, pour l'impoʃition de l'attribution & droicts deʃdits Offices, que ʃadite Majeʃté a leué & oʃté,
A ordonné & ordonne, que leʃdits droicts
ʃeront impoʃez & leuez ʃur tout le contenu aux Rolles, & conformément audit
Edict : Enioinct ʃadite Maieʃté aux Preʃi-
dens & Treʃoriers Generaux de France de
Bourdeaux de tenir la main à l'execution
du preʃent Arreʃt : à peine de payer en leur
propre & priué nom ce qui aura eʃté obmis
à eʃtre impoʃé deʃdits droicts , & aux Pre-
ʃidens Eleus de ladite Generalité de faire
ladite impoʃition , encores qu'elle ne leur
ʃoit ordonnée par leʃdits Treʃoriers de
France, ʃur les meʃmes peines, & de radia-
tion de leurs gages & droicts. Et ʃera le
preʃent Arreʃt executé, nonobʃtant oppo-
ʃitions ou appellatiõs quelsconques : Dont
ʃi aucunes interuiennent , ʃadite Maieʃté
a reʃerué la cognoiʃʃance à ʃon Conʃeil, &
icelle interdite à tous ʃes Iuges & Officiers. FAICT au Conʃeil d'Eʃtat du Roy,
tenu

tenu à Sainct Germain en Laye le treizié-
me iour de Decembre mil six cens trente-
deux.   Signé, LE RAGOIS.

Collationné aux originaux par moy Conseiller
Secretaire du Roy & de ses Finances.